I Quaderni del Circolo

Sergio Fumich

Socializzare saperi senza fondare poteri

Il caso Autistici/Inventati

ANDREANI
Circolo Culturale Anticonformista

L'attività editoriale del Circolo Culturale Anticonformista "Andreani" è particolarmente diretta al recupero di vecchie pubblicazioni e documenti manoscritti che sono stati parte o danno testimonianza della cultura e della storia dell'Ottocento e del primo Novecento. Con la pubblicazione dei Quaderni il Circolo intende adempiere ai suoi scopi statutari che indicano come primo obiettivo il recupero e la valorizzazione della cultura locale nelle varie forme ed aspetti con cui nel tempo si è manifestata, la storia e le tradizioni della civiltà agricola che nelle diverse epoche ha arricchito il territorio, la storia della gente di Brembio e dei suoi legami con il circostante territorio lodigiano, con l'altra gente lombarda ed in generale con le vicende nazionali.

SOCIALIZZARE SAPERI SENZA FONDARE POTERI

DI SERGIO FUMICH

PRIMA EDIZIONE NEI QUADERNI: GENNNAIO 2014

ISBN 978-1-291-65414-1

ANDREANI
CIRCOLO CULTURALE ANTICONFORMISTA
BREMBIO

Nota dell'Autore

La vicenda, qui raccontata attraverso documenti del tempo, risale al 2004-2005. Ma trova ancora oggi la sua attualità come ci insegnano recenti eventi che hanno denunciato una violazione della privacy ovunque nei mezzi di comunicazione a livello mondiale. Attraverso i documenti raccolti allora si racconta il sequestro di un sito web ospitato su un server della sinistra movimentista, ma soprattutto, ed è ciò che conta, la violazione nel contempo della privacy e dei contenuti di molti gruppi, associazioni e movimenti tra cui, particolarmente grave, quella del Genova Legal Forum, fatto quest'ultimo che metteva *"tutta la strategia difensiva del Genova Legal Forum a disposizione delle procure: documenti, analisi, atti e reperti non ancora presentati in tribunale. Con buona pace del segreto istruttorio e del rispetto dei diritti della difesa"* come affermava il supporto legale del movimento.

Questo opuscolo doveva essere pubblicato nel 2005, ma per diverse vicissitudini editoriali allora fu accantonato. Ritrovato ora tra carte d'archivio, si è pensato, come *Circolo Andreani*, alla sua pubblicazione in quanto testimonianza, seppure settoriale e limitata, dell'atmosfera di quegli anni, che hanno visto ben più importanti violazioni da parte di organismi delle istituzioni a partire dal caso Abu Omar; anni in cui un numero esagerato di intercettazioni telefoniche fa dei cittadini italiani i più "spiati" d'Europa.

Socializzare saperi senza fondare poteri

Il server di *Autistici.org/Inventati.org* rappresenta, in Internet, uno dei più longevi e importanti punti di riferimento italiani per chi difende la libertà di espressione in rete. Gestito dall'associazione Investici, un'associazione senza fini di lucro, è un server indipendente che dà spazio a siti Web e caselle di posta elettronica di avvocati, giornalisti, politici, attivisti, associazioni umanitarie, uffici legali, sindacalisti, gruppi universitari, network internazionali e altro ancora. Dal 2004 è stato al centro di due rilevanti vicende concernenti la libertà di espressione e il diritto alla riservatezza dei dati che, tuttavia, non hanno suscitato grande clamore nei media tradizionali. Come si può immaginare, l'appartenenza all'area della sinistra movimentista certamente non aiuta in un periodo di revisionismo di destra, in cui si punta ad accantonare alcuni dei principi liberali fondanti della nostra Repubblica, e che trova echi quantomeno compiacenti anche in frange della sinistra moderata nella sua rincorsa all'elettorato di centro.

Gli scopi e gli obiettivi che il collettivo *Autistici/Inventati* intendeva ed intende perseguire nel tentativo di concretare uno spazio Internet aperto sono pienamente espressi nel manifesto del sito che viene riportato integralmente più sotto. Sostanzialmente l'utopia di lotta è quella di aiutare la realizzazione di un mondo dove la comunicazione sia libera, gratuita e universalmente accessibile, ed in cui sia garantito e rispettato il diritto/bisogno alla privacy e all'anonimato. Ne consegue il rifiuto di ogni criterio commerciale dell'offerta di servizi e di spazi a pagamento e l'offerta di accogliere volentieri sul proprio server "chi vive conflittualmente la censura culturale, mediatica, globalizzante dell'immaginario che ci viene preconfezionato e venduto". Il collettivo nella convinzione che "saperi, conoscenze, risorse crescono attraverso la reciproca condivisione", incentiva la diffusione sistematica, organizzata e completamente gratuita di materiali creativi, autoproduzioni, documentazione, nella logica della lotta al copyright tradizionale con l'adozione esclusiva di software libero e di licenze aperte. Ma fondante è il principio che gli stessi mezzi di comunicazione "non debbano essere ad uso e consumo dei professionisti dell'informazione" e, di conseguenza, il collettivo fa affidamento sulle pratiche di autogestione. Niente sponsor, dunque, né finanziamenti di altro tipo, che non siano sottoscrizioni volontarie di chi crede nel progetto, e l'affidamento decisionale e gestionale, anche degli aspetti tecnici e politici, alla discussione collettiva attraverso una mailing list.

Chi siamo e cosa vogliamo

socializzare saperi, senza fondare poteri

Per iniziare, vogliamo tutto.

Il nostro obiettivo è liberare degli spazi sulla rete, dove discutere e lavorare su due piani: da un lato, il diritto/bisogno alla libera comunicazione, alla privacy, all'anonimato e all'accesso alle risorse telematiche, dall'altro i progetti legati alla realtà sociale. La realizzazione di un server indipendente ci appare un buon punto di partenza per il raggiungimento di questi scopi.

Crediamo che la comunicazione debba essere libera, gratuita e quindi universalmente accessibile. Noi ci proviamo, offrendo spazio web, posta elettronica, mailing-list, chat ad individui e progetti in linea con queste esigenze; fuori dalla logica commerciale dell'offerta di servizi e di spazi a pagamento, accogliamo volentieri chi vive conflittualmente la censura culturale, mediatica, globalizzante dell'immaginario che ci viene preconfezionato e venduto.

Spazi e servizi di questo server non vengono destinati ad attività (direttamente o indirettamente) commerciali, al clero, ai partiti politici istituzionali: o comunque, in sintesi, a qualunque realtà che disponga di altri mezzi per veicolare i propri contenuti, o che utilizzi il concetto di delega (esplicita o implicita) per la gestione di rapporti e progetti.

Il diritto/bisogno alla privacy e all'anonimato dev'essere rispettato. Vi garantiamo che non terremo log, che non vi chiederemo informazioni sensibili per accordarvi un servizio e che faremo di tutto per tenere in piedi l'anonymous remailer, l'anonymizer e tutto ciò che garantisce la riservatezza e la confidenzialità delle vostre comunicazioni.

Saperi, conoscenze, risorse crescono attraverso la reciproca condivisione. Per questo incentiviamo la diffusione sistematica, organizzata e completamente gratuita di materiali creativi, autoproduzioni, documentazione, e per questo sosteniamo la lotta al copyright tradizionale, e l'adozione esclusiva di software libero e di licenze aperte.

Inventati è la parte che cerca di riprodurre nel digitale le questioni che appartengono al reale: attraverso siti web, oppure creando ambiti di discussione che esistono già ma che sono collocati in uno spazio fisico quotidiano (ad esempio un'assemblea può essere riprodotta attraverso la creazione di una mailing-list che la rende, in questo modo, permanente e onnipresente).

Autistici, invece, parte da una base tecnica e dalla passione per la conoscenza dei mezzi utilizzati per sviscerare la politicità implicita negli strumenti telematici; questi strumenti nascono nel digitale, ma non per questo sono privi di un impatto politico.

Partiamo dagli strumenti, ma approdiamo a rivendicazioni politiche ben precise, nel terreno del digitale e da qui fino all'ambito reale. Tutte le questioni che riguardano i diritti elencati prima sono un esempio delle richieste politiche che interessano la Rete.

Riteniamo che i mezzi di comunicazione non debbano essere ad uso e consumo dei professionisti dell'informazione. Crediamo nel valore delle pratiche di autogestione: per questo non abbiamo sponsor, né finanziamenti di altro tipo, che non siano sottoscrizioni volontarie di quanti ritengono importante la sopravvivenza del progetto. Nessuno di noi guadagna un cent da questo progetto. Anzi.

Gli aspetti tecnici e politici dell'attività di questo server vengono decisi assieme, nel modo più trasparente e orizzontale che ci è possibile, discutendo in una mailing list. Non abbiamo un coordinatore, né un portavoce, né facciamo delle votazioni.

Per usare i servizi del nostro server, seguite i vari link contenuti nella nostra home page, tenendo presente della felice commistione di parte tecnica (autistici) e parte sociale (inventati) dall'estate 2004 riunite sotto un unica interfaccia ☺.

→ *www.inventati.org*

→ *www.autistici.org*

l'autismo che si inventa genera condivisione

autistici / inventati 2002

Il sequestro di "Crocenera anarchica"

Il 27 maggio 2005, un comunicato del collettivo *Autistici/Inventati* informava di aver dovuto procedere a rimuovere il mattino precedente, su richiesta della Digos, la mailbox di *Crocenera Anarchica* e a consentire il sequestro della pagina del sito relativo. Il sequestro preventivo da parte della polizia avveniva nell'ambito degli arresti e delle perquisizioni effettuate nella stessa mattinata a carico di un certo numero di persone in parecchie regioni d'Italia.

Sequestro preventivo della casella di Crocenera
Comunicato Autistici/Inventati del 27/05/2005

La mattina del 26 maggio abbiamo ricevuto un fax e diverse telefonate dalla digos in merito alla chiusura, di una casella di posta sul nostro server. Si tratta della mail *croceneraanarchica@inventati.org* .

Contemporaneamente è stato richiesto il sequestro della pagina *http://www.filiarmonici.org/crocenera.html* .

La richiesta si colloca nell'ambito degli arresti e perquisizioni avvenute nella stessa mattinata a carico di diverse persone un po' in tutta la penisola. Per maggiori info potete consultare

http://italy.indymedia.org/

o tra gli altri

http://www.anarcotico.net/

Siamo stati costretti a rimuovere la casella, come richiesto nel mandato che potete leggere da:

http://italy.indymedia.org/news/2005/05/798576.php

È la prima volta che come server autogestito riceviamo una richiesta di questo genere. Non ci è stato infatti intimato di fornire dati relativi all'utilizzo di una certa casella come in altre occasioni, ma di eliminare l'account. In ogni caso non saremmo stati in grado di fornire alcuna informazione di questo tipo, visto l'approccio no-log delle nostre macchine: non manteniamo dati sensibili sull'utilizzo delle risorse di *autistici/inventati* e non siamo in grado di associare un account di posta o un account web ad una persona fisica. Dagli atti si comprende comunque che il tracciamento delle comunicazioni da parte degli investigatori si raffina con l'esercizio. Il numero delle intercettazioni di email non è controllabile e coinvolge sempre più spesso i grossi attori aziendali, nel caso specifico *hotmail.com*. Un comune provider commerciale evidentemente non sente la necessità di garantire la riservatezza della corrispondenza dei propri utenti. Questo dato era emerso chiaramente anche nell'ambito dell'inchiesta di Cosenza:

http://www.autistici.org/pub/newsletter/it/comunicato-arresti-cosenza-20021119.txt

dove parte del materiale citato era stato reperito da intercettazioni di caselle mail ospitate da provider commerciali. Il bisogno/diritto di privacy ed anonimato sono uno dei punti fondamentali del nostro progetto e secondo noi inscindibili da qualsiasi forma di comunicazione.

Al di là del caso specifico pensiamo sia veramente preoccupante l'utilizzo sempre più disinvolto che magistratura e corpi di polizia fanno di intercettazioni, perquisizioni e sequestri. Qualche mese fa, precisamente il 25 febbraio, su alcune testate giornalistiche, ed in particolare sul “Sole 24 ore”, apparivano articoli nei quali Telecom si lamentava di non avere abbastanza risorse tecniche per soddisfare tutte le richieste di intercettazioni telefoniche della magistratura. Si tratta di un fatto interessante, al limite del ridicolo, ma che chiarisce la dimensione del problema. Non siamo quindi solo noi, paranoici per vocazione, ad accorgersi dell'anomalia. Il mercato delle intercettazioni è in piena espansione: si parla di 300 milioni di euro l'anno per il 2004 e di qualcosa come 140 mila intercettazioni di telefonini per la sola Telecom e circa 120 mila tabulati telefonici consegnati alla magistratura. Sono dati che non ci siamo inventati, ma abbiamo ripreso da uno speciale di “Repubblica”, uno dei tanti organi di “informazione” che sta contribuendo in questi giorni al linciaggio mediatico degli arrestati e dei perquisiti. Si tratta di uno speciale sulle intercettazioni consultabile on line:

http://www.repubblica.it/2004/k/sezioni/cronaca/intercett/intercett/intercett.html

Analogamente a quanto accade nella "vita reale", è sempre più lontana l'idea di una rete libera ed incensurabile. Dove c'è chi ha il potere di sfogliare le nostre vite come un libro aperto e lo sfrutta sempre di più e con sempre più cognizione di causa, noi ci sentiamo sempre meno liberi, ma sempre più decisi a difendere ed ampliare i nostri spazi di libertà con le unghie e coi denti. Queste poche righe a caldo sono le prime che ci sentiamo di pubblicare. Per una lettura più ampia degli avvenimenti rimandiamo al prossimo comunicato congiunto con *Isole nella rete.*

Indymedia, il 26 maggio alle 15.41 pubblicava in rete i decreti di sequestro preventivo del sito e della casella e-mail, con la lettera di accompagnamento, inviata al responsabile dell'Associazione *Isole nella Rete* e dei domini implicati nella vicenda dal Compartimento di polizia postale e delle comunicazioni per l'Emilia Romagna di Bologna Squadra Criminalità Informatica. Di seguito sono riportati i tre documenti così come pubblicati da *Indymedia*, con la correzione di alcuni palesi errori dovuti alla trascrizione *Ocr* dei testi per mezzo di uno scanner.

a) La lettera di accompagnamento:

COMPARTIMENTO POLIZIA POSTALE E DELLE COMUNICAZIONI

PER L'EMILIA ROMAGNA BOLOGNA

Squadra Criminalità Informatica

(tel e fax illeggibili)

Numero di pagine, inclusa la presente: 5 (cinque)

DATA : 26 maggio 2005

A: *XXXXX - Responsabile Associazione Isole nella Rete e domìni inventati.org - ecn.org. filiarmonici.org -*

Fax: 010/2461413

Di seguito a dirette intese telefoniche odierne si trasmettono per gli adempimenti informatici richiesti i decreti di sequestro preventivo emessi dalla Procura della Repubblica dì Bologna e dal Tribunale di Roma:

Procura di Bologna Procedimento Penale n. 4459/05 RGN-R-Mod.21 Tribunale dì Roma Sez. GIP Uff.26 – Proc. Penale nr. 27313/03 + 6616/04 RGGNR e nr. 18516/04 RG.GIP

b) Il decreto urgente di sequestro preventivo della Procura di Bologna:

N. 4459/05 R.G notizie di reato/Mod. 21
N.__ Reg.Int P.M.
PROCURA DELLA REPUBBLICA PRESSO IL TRIBUNALE ORDINARIO DI BOLOGNA

Decreto Di Sequestro Preventivo Emesso Dal Pubblico Ministero In Caso Di Urgenza

– artt. 321, comma 3 bis c.p.p., 104 D.Lvo 271/89 –

il Pubblico Ministero dott. Morena Piazzi, Sost. Procuratore della Repubblica presso il Tribunale ordinario di Bologna,

Visti gli atti del procedimento penale indicato in epigrafe nei confronti di:

xxxxxxxxx ed altri indagati

per il delitto p. e p. dall'art 270 bis c.p. commesso in Bologna, ed altre località dal 2001 ad oggi in relazione a azioni delittuose di natura e carattere eversivi rivendicate con sigle riconducibili alla c.d. area "anarco-insurrezionalista" e segnatamente a nome "Cooperativa artigiana fuoco e affini (occasionalmente spettacolare)" e "Federazione Anarchica Informale" nei confronti di obiettivi istituzionali quali sedi e caserme di polizia e Carabinieri, Istituzioni della Comunità Europea / il presidente della Commissione Europea Romano Prodi e i suoi familiari.

RILEVATO CHE

– la libera disponibilità dei seguenti beni:

gli spazi web *http://www.ecn.org/filiarmonici/crocenera.html* e *http://www.filiarmonici.org/crocenera.html.*

le due caselle di posta elettronica *croceneraanarchica@inventati.org* e *croceneraanarchica@hotmail.com* gestite da xxxxxxx e xxxxxxxxxx da parte degli indagati o comunque persone che li utilizzano per atti di propaganda illecita di azioni di natura e finalità eversive, quindi beni da considerarsi cose pertinenti al reato sopra indicato possa aggravare o protrarre le conseguenze del reato stesso ampliando il numero delle persone coinvolte dalle illecite iniziative dell'associazione di cui all'imputazione

– si versa in caso di urgenza che non consente di attendere il provvedimento del Giudice in quanto sono stati realizzati meno di 24 ore due attentati uno dei quali, commesso in Modena. ad opera di soggetti che hanno allegato ad un plico esplosivo una rivendicazione della F.A.I.

Visti gli arti. 321, commi 3 bis e 3 ter, e segg. c.p.p.

DISPONE

il sequestro preventivo dei beni sopra indicati.

DELEGA

per l'esecuzione Ufficiali di Polizia Giudiziaria della Polizia Postale dell'Emilia Romagna e Polizia Postale Direzione Centrale Roma con Facoltà di subdelega che cureranno la consegna di copia del presente provvedimento all'interessato, se presente, avvertendolo della facoltà di farsi assistere da un difensore nonché provvederanno all'immediata trasmissione (e comunque non oltre le 24 ore dall'esecuzione) a questo P.M. del verbale di sequestro per gli adempimenti di convalida richiesti dalla legge,

MANDA

fin d'ora alla Segreteria per gli adempimenti di competenza ed in particolare per la trasmissione al Giudice in indirizzo entro 48 ore dal sequestro di copia del presente decreto unitamente ad un fascicolo appositamente formato e contenente in copia tutti gli atti attualmente inseriti nel fascicolo del Pubblico Ministero,

Bologna, 25 maggio 2005 ore 18.38.29.

IL PROCURATORE DELLA REPUBBLICA
dott. Morena Piazzi – Sost.

c) Il decreto di sequestro preventivo del GIP di Roma:

N. 27313/03 + 6616/04 R.G. notizie di reato N. 18516/04 R.G. GIP

Tribunale di Roma
Sezione del Giudice per le indagini preliminari
Ufficio 26
Decreto di sequestro preventivo
(art 321 c.p.p.)

Il Giudice, dott. Guglielmo Muntoni

Esaminata la richiesta, presentata dal Pubblico Ministero, in relazione al procedimento N. 27313/03 + 6616/04 R.G notizie di reato e N. 18516/04 R.G. GIP, di sequestro preventivo del sito internet *http://www.filiarmonici.org/crocenera.htlm* e della casella di posta elettronica *croceneraanarchica@hot-mail.com*

Rilevato che si procede nei confronti di xxxx, xxxx, xxxx, xxxx, xxxx, xxxx, xxxxx ed altri per i delitti previsti dagli artt. 270 e 270bis, nonché per delitti di strage, violazione legge armi ed altro in relazione ad una associazione sovversivo terroristica di matrice anarco insurrezionalista come da ordinanze cautelari emesse nei confronti degli indagati.

Rilevato che sussistono indizi di colpevolezza in relazione ai reati ipotizzati come si evince dalle ordinanze cautelati emesse sulla base di gravi indizi di colpevolezza.

Considerato che l'esame delle comunicazione curate dalla xxxxx e da altri indagati, in uno con la piena condivisione delle azioni dirette, evidenziano il passaggio dalla semplice adesione ideologica al livello operativo degli appartenenti al sodalizio.

Rilevato che i collegamenti fra gli aderenti ai singoli gruppi di affinità e le comunicazioni fra i vari gruppi avvengono principalmente attraverso il sito internet *http://www.filiarmonici.org/crocenera.htlm* e della casella di posta elettronica *croceneraanarchica@hotmail.com*

Rilevato che il sito internet è curata da xxx, xxxxx, xxxx e altri.

Rilevato che nella informativa del R.O.S. Nr. 117/2-131, datata 22 febbraio 2005, esaminando criticamente l'imponente e rilevante materiale documentale e informatico rinvenuto in possesso di yyyy, yyyy, yyyy, si rinvengono due files in possesso di yyyyyy rilevanti in relazione al richiesto sequestro preventivo. Il file richiamato sub

"X", denominato "FD2viterbo.doc" è relativo ad una Mail spedita alle ore 23,12 del 10 gennaio 2002, dall'indirizzo dì posta elettronica "xxxxxx" all'indirizzo *"croceneraanarchica@hotmail.com"*, nella quale veniva indicato che "mercoledì 9 gennaio è stato arrestato a Viterbo un compagno anarchico, fermato da una pattuglia, di vigilantes, con cui aveva un'animata discussione e da tre volanti; a seguito del fermo è scattato l'arresto con l'accusa di resistenza e lesione a P. U. per lui il foglio di via dalla città di Viterbo per tre anni, nei confronti della compagna anarchica di Pescara". Quest'ultimo riferimento è relativo all'arresto di xxxxx, effettivamente avvenuto il 9 gennaio 2002, poiché ritenuto responsabile delle violazioni delittuose previste e punite dagli artt. 337, 583, 594 e 624 C.P. e alla convivente di quest'ultimo, xxxxxxx, alla quale, nella stessa data, veniva notificato il "Divieto di ritorno nel Comune di Viterbo" per anni tre. Il mittente dell'e-mail è stato identificato in xxxxxxxx , tratto in arresto il 6 novembre 2004 da personale della Stazione Carabinieri di Roma Porta Portese per detenzione ai fini di spaccio di cocaina. Il documento si conclude con le frasi: "Libertà per tutti" "Morte ai Governi" e "Per l'anarchia".

Sul sito e sulla pubblicazione C*rocenera Anarchica* la Polizia ha accertato che:

responsabile del sito, e quindi, dal contenuto del medesimo, è xxxxx rintracciabile presso la casella postale nr 437 – 40100 Bologna centro:

responsabili indicati sia sulla home-page che dall'opuscolo cartaceo, sono xxxxx e xxxxxx; questi ultimi sono anche gli autori, unitamente ad altri sopra indicati, dell'omologa pubblicazione cartacea, per il finanziamento della quale viene indicato il c.c.p. nr. 49577422 intestato alla xxxxxx, sul quale confluiscono con una certa regolarità cifre, anche se non particolarmente rilevanti, provenienti da aderenti dislocati su tutta la Penisola, i quali, quindi, contribuiscono fattivamente alla realizzazione materiale dello stampato insurrezionalista e al mantenimento del sito internet dai contenuti chiaramente eversivi;

rilevato che a carico degli indagati si rinvengono gravi indizi di reato e dunque ampiamente sussiste il fumus dei reati per i quali è stato chiesto il sequestro preventivo;

rilevato che gli stessi risultano utilizzare il sito e la casella di posta elettronica anche per fornire informazioni e organizzare azioni relative al sodalizio sovversivo terrorista in contestazione, in tal modo comunicando tra associati per la sicurezza dell'organizzazione criminale e per predisporre azioni;

rilevato che la libera disponibilità del sito internet e della casella di posta elettronica, utilizzati per le comunicazioni tra gruppi di affinità e sodali sulle attività e sui progetti dal gruppo sovversivo consentirebbe agli indagati od ai loro complici di aggravare o protrarre le conseguenze dei reati o agevolarne la commissione di altri.

P. Q. M.

Visti gli artt. 321 C.P.P. , 92 e 104 D. Lv.

Dispone il sequestro preventivo del sito internet

http://www.filiarmonici.org/crocenera.htlm

e della casella di posta elettronica

croceneraanarchica@hotmail.com

Manda alla Cancelleria per l'immediata trasmissione del presente provvedimento in duplice copia, al pubblico Ministero per l'esecuzione.

Roma, 23 maggio 2005

Il giudice Guglielmo Muntoni

Che cosa stesse succedendo in quelle ore ce lo spiegano Alessandro Mantovani e Sara Menafra su *il manifesto* del 27 maggio in un articolo a pagina 6 dal titolo *"Arrestati 10 «anarcoeversori». Due sono accusati di attentato al tribunale di Viterbo. Sette, delle bombe mandate a Prodi"*:

Dopo gli arresti di Cagliari due nuove operazioni di polizia sono tornate a scuotere i cosiddetti ambienti «anarcoinsurrezionalisti». Una l'ha ordinata la magistratura di Roma, che all'alba ha fatto arrestare cinque giovani tra i 26 e i 36 anni tra Viterbo e la provincia di Pescara. L'altra è scattata ieri sera su ordine del giudice di Bologna, sette ordinanze di custodia cautelare in carcere per altrettanti presunti appartenenti alla Cooperazione artigiana fuoco e Affini e alla sigla-contenitore «Fai-Federazione anarchica informale», tra l'altro in relazione ai pacchi bomba spediti a Romano Prodi e ad altri responsabili Ue nel dicembre 2003. In manette sono finite dieci persone, l'ordinanza bolognese è stata notificata nel carcere di Pescara a Danilo Cremonese, 29 anni e a Valentina Speziali (28), arrestati poche ore prima in base al provvedimento di Roma. I pm della capitale, Salvatore Vitello e il coordinatore del pool antiterrorismo Franco Ionta, li accusano di aver partecipato all'attentato del 19 gennaio 2004 al tribunale di Viterbo. Gli uomini delle Digos, della polizia di prevenzione (ex Ucigos) e del Ros dei carabinieri hanno eseguito anche ventisei perquisizioni ordinate dai pm romani, compreso il centro sociale anarchico «Torremaura occupata» alla periferia sud est della capitale. E altre 80 perquisizioni in Emilia Romagna, Toscana e nelle Marche erano state ordinate dalla magistratura di Bologna, che procede complessivamente contro ventuno persone. Gli altri arrestati dell'indagine bolognese sono Mattia Bertoni, modenese di 28 anni, Elsa Caroli, reggiana 29, il calabrese Tirteo Tavernese (23) e il napoletano Marco Bisesti (22). A Viterbo sono finiti in carcere Stefano Del Moro (?), fratello di Simone già arrestato nel luglio 2004 per l'attentato al tribunale, la sua compagna abruzzese Claudia Cospito (36) e Massimo Leonardi, 29 anni, indicato ormai da tempo come «elemento di spicco» dell'anarcoinsurrezionalismo tra Viterbo e la Sardegna. Cospito, Cremonese Speziale (28) sono tutti legati alla «Crocenera anarchica» che pubblica un bollettino periodico di prevalente argomento carcerario e tiene un sito web oscurato ieri mattina dalla magistratura (*www.filiarmonici.org / crocenera.html*) perché propaganderebbe metodi di lotta violenti. Per Cospito e Stefano Del Moro (28), ad ogni modo, il gip di Roma Guglielmo Muntoni non ha accolto le accuse di partecipazione all'attentato al tribunale di Viterbo, contestate ai primi due. Per loro c'è solo l'accusa di cui al capo A, associazione sovversiva e associazione con finalità di terrorismo, sostanzialmente analoga a quella contestata da Bologna a Cremonese e Speziale.

L'ultimo capo d'accusa dell'ordinanza romana riguarda il solo Leonardi ed è il danneggiamento aggravato di un Mc Donald's a Roma, quello di piazza Sonnino a Trastevere, avvenuto la bellezza di sei anni fa, il 13 febbraio del 1999. Il «ripescaggio» di un episodio così vecchio conferma le difficoltà incontrate dagli investigatori nel mettere assieme elementi contro il 29enne sardo trapiantanto a Viterbo, che è sotto inchiesta almeno dal `96, è ritenuto un leader «insurrezionalista», ma fin qui è stato assolto anche dalle accuse meno pesanti. Il giovane si sarebbe inguaiato da sé con una «confessione extraverbale», così la definisce il gip. In una conversazione del luglio 2000, intercettata da una microspia piazzata in casa sua, avrebbe raccontato a un amico, rimasto ignoto, l'episodio dell'anno precedente. «Ma too ricordi er Mc Donalds?», chiedeva l'amico secondo la trascrizione del Ros. «Lì guarda, nun me so' regolato... jamo devastato tutto.... i vassoi... ».

Altre intercettazioni ambientali, che nelle trascrizioni non sembrano così univoche, coinvolgono Cremonese e Speziale nell'attentato al tribunale di Viterbo. Commentando gli arresti dello scorso luglio i due avrebbero raccontato che uno degli arrestati avrebbe ideato l'attentato mentre riportava Leonardi a casa, per festeggiare la sua liberazione disposta proprio quel giorno. «Esce in permesso con Massimo e vedono il tribunale», avrebbe detto la Speziale. E Cremonese: «Brava, ma tu l'hai lasciata quando è scoppiata» «No! Era notte. Noi siamo riandati a casa» «Sabato l'ha mandata a Massimo e tu l'hai lasciata a "pa" per lì», «... noi eravamo tutti là davanti al bar a festeggiare con tutti i compagni dopo che siamo andati tutti, e tempo mezz'ora dopo è scoppiata la pentola davanti al tribunale». Contro Cremonese c'è poi un testimone e i tabulati telefonici confermerebbero la sua presenza a Viterbo. Ma c'è dell'altro, Cremonese e altri indagati sarebbero stati pedinati dalla Digos di Pescara, l'11 maggio scorso, mentre cercavano di comprare un timer. Quindi si paventano «nuovi attentati» che «non escludono» l'omicidio, anche se finora l'episodio più grave è stato il pacco bomba che ferì gravemente un maresciallo dei carabinieri.

L'ordinanza romana ricalca quella del luglio scorso e inserisce il «Comitato antagonista viterbese» nell'ambito della Federazione anarchica informale che rivendicò i pacchi bomba a Prodi, ricostruendo un'associazione sovversiva ed eversiva che funzionerebbe secondo il metodo dei «gruppi di affinità» secondo le teorie di Alfredo Maria Bonanno mille volte citate dal giudice. È l'impostazione cara al Ros che fu alla base del vecchio «processo Marini», dal nome dell'attuale procuratore generale Antonio Marini che negli anni 90 tentò invano di far riconoscere l'esistenza di una vera e propria organizzazione anarchica «insurrezionalista».

In un articolo dello stesso Mantovani su *il manifesto* del 2 agosto 2004 troviamo raccontati gli antecedenti della vicenda:

È partita da Viterbo e Roma l'offensiva contro i gruppi «insurrezionalisti»

Bombe anarchiche e vecchi teoremi

I viterbesi. Quattro ragazzi in carcere per i pacchi bomba. Le intercettazioni della Digos: «Non conta la finalità, l'azione la fai per te stesso». L'organizzazione Ros e pm descrivono la «Fai informale» come il contenitore della «nuova eversione», con ramificazioni in tutta Italia.

Per la prima volta da quando gli «anarco-insurrezionalisti» guidano la classifica del «terrorismo interno» (relazione sull'attività dei servizi, 2° semestre 2003), il 27 luglio la magistratura romana ha fatto arrestare quattro presunti responsabili materiali di attentati e pacchi bomba. Tre sono viterbesi, il quarto è romano ma vive ad Arezzo. Il più vecchio è del '77. Uno dei viterbesi è accusato di strage per il plico spedito ai carabinieri di viale Libia a Roma, che esplose il 4 novembre 2003 ferendo alle mani un maresciallo. Ma la vera novità è l'adesione dei giudici a una costruzione ambiziosa quanto fragile, suggerita dai carabinieri del Ros che descrivono una vera e propria organizzazione anarchica, un'associazione sovversiva e terroristica (articoli 270 e 270 bis) formata da gruppetti sparpagliati in mezza Italia, con relazioni in Spagna, altri paesi europei e perfino in Argentina. L'associazione, secondo il gip Guglielmo Muntoni, «opererebbe con sigle diverse sotto la denominazione *Fai-Federazione anarchica informale*», che fa il verso alla vituperata Federazione anarchica italiana e apparve a dicembre con i pacchi incendiari spediti a Prodi e ai responsabili Ue. Sotto il testo figuravano quattro gruppi (semplici sigle?) autori di parecchi attentati: Brigata XX luglio (due bombe contro la polizia a Genova), «Cooperativa Fuoco e affini», «Cellule contro il capitale, il carcere, i carcerieri e le loro celle» (le «cinque C») e «Solidarietà internazionale». «La federazione pur mettendo in pratica la lotta armata – si legge nel documento – rifiuta la concezione che si basa su monolitiche organizzazioni, strutturate in maniera *classica*: basi, regolari-irregolari, clandestinità, colonne, quadro dirigenti, enormi necessità di denaro». La proposta era un «patto di mutuo appoggio» e la sigla «Fai informale» ricomparve solo il 1°

aprile, insieme a due buste esplosive indirizzate al Dap ma disinnescate.

L'ordinanza del 27 luglio, richiesta dai pm Capaldo, De Falco e Vitello e accompagnata da una cinquantina di perquisizioni per altrettanti indagati e quattro edifici occupati (tre nella capitale), va ben al di là degli episodi attribuiti agli arrestati, mai rivendicati come «Fai informale». Elenca una sessantina di fatti gravi e meno gravi, a volte semplici scritte sui muri, avvenuti dal `99 in poi e firmati in mille modi: la carica esplosiva fatta ritrovare al Duomo di Milano nel 2000, gli attentati a tralicci e ovovie in Toscana in nome di Marco Camenisch (figura ormai epica, in carcere in Svizzera per l'omicidio di una guardia di frontiera), il pacco che inaugurò il G8 del 2001 esplodendo in faccia a un carabiniere di Genova e quelli spediti all'Iberia contro il regime duro (Fies) in vigore nelle carceri di Madrid. Le origini della «federazione informale» sono indicate nelle teorie dell'editore e pubblicista catanese Alfredo Maria Bonanno, responsabile di riviste (Cane nero, Anarchismo) e autore di libri considerati come la *Summa theologica* anarco-insurrezionalista, e ampiamente citati dal gip. Bonanno ha 47 anni ed è tornato in galera a febbraio, ma ancora nel 2002 e nel 2003 partecipava a riunioni e convegni (sotto gli occhi della polizia) sul vecchio sogno di un'«internazionale antiautoritaria». La «Fai informale» sarebbe il primo passo.

C'è aria di teorema e non sarebbe il primo da quando gli anarchici radicali hanno rotto, negli anni 80, con la Fai «ufficiale». La divisione si approfondì nel `98 con la drammatica vicenda degli squatters piemontesi morti suicidi in carcere. Torna alla mente quello che gli anarchici chiamano «processo Marini» e gli inquirenti «processo all'organizzazione rivoluzionaria anarchica insurrezionalista (Orai)», condotto dall'attuale pg Antonio Marini sulla base, tra l'altro, delle dichiarazioni di una giovane «pentita» italo-iraniana. Tutto cominciò nel '96, alla sbarra finirono anche Bonanno e Camenisch, quast'ultimo già in carcere. Nel febbraio scorso la cassazione ha confermato l'assoluzione di 39 imputati su 46, affermando che l'Orai (se mai era esistita) non aveva le caratteristiche ipotizzate dal pm, e ha condannato per banda armata e associazione sovversiva soltanto sette persone, alcune coinvolte in attentati, rapine e sequestri di persone, nonché collegate a un arsenale scoperto a Roma nel '90.

Per Bonanno era stato chiesto l'ergastolo e ha avuto sei anni (quattro per rapina). C'era di mezzo anche il «Manuale dell'anarchico esplosivista», con le istruzioni per fabbricare ordigni, ma non bastò per condannare chiunque l'avesse sfiorato. Oggi un altro opuscolo inquietante, intitolato «A ciascuno il suo, 1000 modi per sabotare questo mondo», mette nei guai viterbesi e romani.

Secondo il Viminale gli «anarchici-insurrezionalisti» sono «duecento o poco più». Indagano le procure di Roma, Viterbo, Torino, Bologna, Milano, Firenze, Pisa, Cagliari, Trento, Arezzo e forse altre. Sotto la lente d'ingrandimento ci sono centinaia di militanti: dal Fenix di Torino al gruppetto che ruota attorno alla Crocenera anarchica, tra Emilia Romagna e Abruzzo; dai roveretani che sono senz'altro i più raffinati sul piano politico (di recente arrestati e subito scarcerati in sei per una vecchia rissa con i fascisti) fino ai viterbesi e ai romani, rozzi e un po' sprovveduti, con precedenti per danneggiamento della lapide di Umberto I, tentato incendio notturno di macelleria, manifestazione non preavvisata e resistenza. Alcuni però si fatica a definirli anarchici e pochissimi accettano (e ancora meno usano) la definizione di «insurrezionalisti», specie se vanno a braccetto con autonomi e marxisti-leninisti fuori tempo massimo. Gli otto giovani arrestati a Pisa, che girano attorno al centro anarchico «Il Silvestre», ad esempio, sono accusati delle azioni firmate «Cellule d'offensiva rivoluzionaria» (Cor): auto di esponenti di An incendiate, portoni anneriti e volantini che inneggiano a Mario Galesi, ai presunti neobrigatisti in carcere e all'unità tra «anarchici, marxisti, antimperialisti». Qui però la procura esclude l'ipotesi di «terrorismo ed eversione», preferendo contestare l'associazione a delinquere, perché il «programma» non metterebbe «in pericolo» le istituzioni.

I presunti «insurrezionalisti» formano gruppi e collettivi anche ristrettissimi, che per gli inquirenti sono i «gruppi di affinità» di Bonanno, «operanti su base locale – scrive il gip – e contraddistinti da un massimo di intimità, conoscenza e fiducia reciproca, collegati fra loro da meccanismi di comunicazione informale ed uniti dal progetto delle *piccole azioni* di attacco alle istituzioni, attraverso la pratica della lotta armata praticata con criteri di semplicità». Abitano in squat urbani e in casolari di campagna, come a Soriano nel Cimino (Viterbo), dove la Digos il giorno degli arresti ha dovuto chiamare la polizia veterinaria per superare due pastori maremmani. Sono cresciuti nel culto del «sabotaggio» e dell'«azione diretta», se la prendono con i «carcerieri» e con i fabbricanti di pellicce. Odiano i giornalisti (il manifesto non fa eccezione) quanto i poliziotti e i carabinieri. E rischiano la galera, anzi a volte se la fanno, per le campagne contro i centri che allevano animali da laboratorio (come il «Morini» di Reggio Emilia) o per la pubblicazione di giornali e bollettini. Come Terra selvaggia, che ha sede al «Silvestre» di Pisa e riporta ogni volta un elenco impressionante di rivendicazioni. O la Crocenera, che scrive di carcere e «repressione».

Le grandi manifestazioni a volte le snobbano e a volte no, in piazza se la prendono con le vetrine e altri «simboli» ma di rado affrontano lo scontro con le forze dell'ordine. Secondo ps e cc, apparterrebbero alla galassia «anarcoinsurrezionalista» almeno due dei 26 imputati del processo per il G8 di Genova. Di solito le manifestazioni le fanno da soli, senza preavviso: a Torino, a dicembre, sono stati arrestati in cinque per un'azione dimostrativa alle Vallette. Certo però non sono clandestini, nemmeno i presunti «bombaroli». Sono semmai impulsivi: dopo gli arresti un indagato romano si è fatto a sua volta arrestare, a Rimini, mentre squarciava le gomme delle auto in un parcheggio della polizia (otto mesi patteggiati in direttissima, ma quando mai i terroristi patteggiano?). E spesso conservano relazioni «nel movimento», tant'è vero che i disobbedienti (romani) e *Indymedia* hanno offerto solidarietà agli arrestati del 27 luglio.

Per anni le procure hanno evitato di aprire procedimenti per associazione sovversiva, perché il «processo Marini» aveva insegnato a non esagerare con gli anarchici. Che non hanno strutture né capi. Poi però c'è stato il pacco bomba al carabiniere: il 6 novembre, due giorni dopo, la linea dura veniva annunciata in senato da Gianfranco Fini. C'era appena stata l'operazione contro le nuove Br e gli anarchici, per il Sisde, sono diventati il pericolo numero uno dell'«eversione interna». Così la procura di Roma ha coinvolto il Ros, escluso dalle indagini sulle Br. E nell'informativa di aprile il Ros ha costruito il canovaccio dell'associazione «Fai informale», che ora potrebbe servire anche altrove, magari per un maxi processo «Marini bis».

Il lavoro del Ros è «particolarmente rilevante - scrive ancora il gip romano – per accertare l'esistenza del vincolo di affinità posto a fondamento della struttura organizzativa, vincolo di affinità fondato, nel caso di specie, sulla costruzione di sfere relazionali incentrate sulle tematiche del carcerario e sui metodi di azione diretta». Insomma si cerca il «vincolo associativo» nei rapporti privati. Nessuna azione attribuita agli anarchici richiede mai la partecipazione di più di due o tre persone, se non basta una sola. Uno degli arrestati, intercettato, spiegava che l'azione si giustifica da sé: «Non esiste la finalità, la fai anche per te stesso... Anzi la fai solo per te stesso».

Filiarmonici, che ospitava nel proprio sito la pagina incriminata, emetteva il 27 sera il seguente comunicato:

A proposito dei sequestri (di cose e di persone)

Nell'ambito dell'ultima operazione repressiva ai danni di compagni anarchici la Polizia di Stato su disposizione delle Procure di Roma e Bologna ha proceduto al sequestro della pagina di Croce Nera Anarchica contenuta nel sito web Filiarmonici.

Poco ci interessa recriminare sul sequestro telematico, né esprimere una vuota solidarietà a parole alle compagne e ai compagni incappati in questa occasione nelle maglie della giustizia; Filiarmonici è un sito che si propone di documentare in quale capillare maniera e in quale sconvolgente misura, la società presente, mondiale, non soltanto italiana, si sia convertita in una galera; e di come gli istituti repressivi tradizionali, galere, tribunali, manicomi, siano per conseguenza i pilastri materiali e i momenti maggiormente sociali e socializzanti di questa società del carcere.

Per questo motivo era apparso coerente e quasi naturale che vi fosse ospitata un'iniziativa quale Crocenera Anarchica che aveva i fini che ora la Polizia di Stato impedisce di vedere col proprio intervento (vedi *http://www.filiarmonici.org/crocenera.html*) ma che di sicuro in rete e fuori saranno reperibili e conoscibili in mille altri luoghi, rendendo inutile l'azione di chi pretende di arrestare la libertà piazzando qua e là qualche velatino con lo stemma della repubblica.

Era naturale che fosse lasciato a Crocenera questo spazio, così come avevamo dichiarato, e qui lo ribadiamo, di essere disponibili ad offrirlo ad altre analoghe iniziative particolari contro le carceri sociali e contro la società del carcere. Muovendo dall'analisi dell'esistente che sta a fondamento del progetto Filiarmonici, naturalmente non possiamo fingere stupore per un'inchiesta giudiziaria che pare la replica, appena ripitturata di altre precedenti simili inchieste, spentesi nel nulla dopo avere distribuito a pioggia galera, confino, e così via. Anche questa volta, si direbbe che l'attitudine sia la solita, fondata sul ragionamento per cui visto che pochi solamente dicono ad alta voce che la rivoluzione é opportuna, necessaria, urgente, attuale, questi pochi non possono non avere a che fare con chi, magari nei loro medesimi luoghi di residenza, attentano più o meno efficacemente a qualche manifestazione dell'oppressione, delle moltissime che d'ogni parte ci accerchiano.

Un impianto al tempo stesso totalitario e del tutto interno ai meccanismi democratici del consenso obbligatorio, dove la reale speranza è quella solita delle procure nazionali: a furia di ricattare e di minacciare, prima o poi salterà pure fuori qualche bravo pentito a dire ciò che occorre che venga detto, che la rivoluzione é impossibile, e che i rivoluzionari sono quattro gatti, già noti e identificati e assicurati alla giustizia. Dalle parole scritte, e dalle parole auscultate nell'oscurità si deducono le azioni; la libertà di parola, e per chi vede come è ridotto il mondo non è di sicuro una sorpresa, è precisamente un orwelliano capovolgimento, uno dei tanti come forze dell'ordine, ministero dell'istruzione, della salute, della protezione civile e via esprimendosi nella neolingua della sottomissione e della passività.

Viceversa noi riaffermiamo qui, per confermarci nella passione in cui in così tanti siamo animati, per ammonire coloro i quali coltivano ancora illusioni sulle possibilità di salvezza di questa società decomposta e patogena, per esprimere il nostro imperituro disgusto verso coloro che hanno scelto di dedicare le parvenze di vita in cui si spengono al servizio dell'oppressione reciproca, che non esiste libertà di parola che non sia, per ciò stesso, eversiva di qualsiasi società fondata sull'oblio, sul silenzio, sulla parola serva, sull'alienazione religiosa, familiare, nazionale. Noi affermiamo che finché vi sarà una sola donna o un solo uomo libero, la sua parola sarà nel suo contenuto e più ancora, nella sua stessa esistenza, eversiva di ogni ordine coatto. E che finché qualcuno parlerà sarà per dire questo, in mille luoghi e in mille lingue: che impedire alla parola di farsi udire, con sequestri e condanne, é solo una pretesa impotente e fallimentare di un sistema così evanescente e falsificato da non potersi più permettere nemmeno quella finzione che dovrebbe giustificarlo agli occhi degli obnubilati. Si levino da ogni parte le libere voci, si riflettano dovunque dentro e fuori le reti informatiche e si affrettino nel contempo i servi a dismettere la loro attività a baluardo di una società menzognera e postuma, dove a ciascuno si vorrebbe imporre di essere poliziotto a se stesso e al vicino, e del vicino e di se stesso prigioniero.

La migliore forma per esprimere ciò che sentiamo ci sembra in questo momento quella di ribadire il motto su cui il progetto Filiarmonici è nato e continua a esistere: PER UN MONDO SENZA GALERE.

Con queste semplici parole ci siamo in passato incontrati con i compagni arrestati. Attorno a queste semplici parole abbiamo nel tempo incrociato tante altre persone ed esperienze. Dietro a queste parole si riconoscono oggi come ieri tante altre persone, ben al di là delle nostre conoscenze e amicizie.

Non saranno arresti, perquisizioni e sequestri a spengere l'idea di un mondo senza galere.

Filiarmonici - per un mondo senza galere, 27 maggio 2005

http://www.filiarmonici.org/

Riprendendo alcuni brani del comunicato il 30 maggio la rivista telematica *Punto Informatico* commentava l'accaduto con un articolo, ripreso poi da *PeaceLink* ed altri siti:

Polemiche sul sequestro del sito Crocenera

Chi ospitava le pagine di Crocenera Anarchica spiega di non sorprendersi per l'iniziativa dei magistrati. Si tratta – dicono – di censura italiota contro un'informazione scomoda.

Punto Informatico
Fonte: *http://punto-informatico.it/p.asp?i=53112&r=PI*
30 maggio 2005

Roma - Certa stampa lo ha dipinto come un crocevia ad uso di gruppi anarco-insurrezionalisti: nei giorni scorsi è stato sottoposto a sequestro il sito Crocenera che era ospitato da *Filiarmonici.org*, un sequestro che secondo quanto riportato dai media si deve alla diffusione di comunicati di "Croce Nera Anarchica" e bollettini di rivendicazione firmati dalla "Federazione Anarchica Informale". Non la vedono così, però, quelli del progetto *Filiarmonici.org*, secondo cui i bollettini della FAI non sono mai apparsi su quelle pagine.

I promotori di *Filiarmonici.org*, iniziativa dedicata alla documentazione su fatti e misfatti nelle carceri e negli "istituti repressivi tradizionali" e, più in generale, in quella che viene definita "società del carcere" scrivono: "Era apparso coerente e quasi naturale che vi fosse ospitata un'iniziativa quale Crocenera Anarchica che aveva i fini che ora la Polizia di Stato impedisce di vedere col proprio intervento (vedi *http://www.filiarmonici.org/crocenera.html*) ma che di sicuro in rete e fuori saranno reperibili e conoscibili in mille altri luoghi, rendendo inutile l'azione di chi pretende di arrestare la libertà piazzando qua e là qualche velatino con lo stemma della repubblica. Era naturale che fosse lasciato a Crocenera questo spazio, così come avevamo dichiarato, e qui lo ribadiamo, di essere disponibili ad offrirlo ad altre analoghe iniziative particolari contro le carceri sociali e contro la società del carcere".

Secondo *Filiarmonici.org* il sequestro di quelle pagine non deve stupire perché è cosa già vista, frutto di "inchieste spentesi nel nulla dopo avere distribuito a pioggia galera, confino, e così via". "Impedire alla parola di farsi udire, con sequestri e condanne – scrivono in una nota – è solo una pretesa impotente e fallimentare di un sistema così evanescente e falsificato da non potersi più permettere nemmeno quella finzione che dovrebbe giustificarlo agli occhi degli obnubilati".

Al di là del sequestro delle pagine di Crocenera, sulle quali stanno indagando i magistrati, c'è chi propone un "giochino" in Internet per cercare di cogliere quale sia la portata dei sequestri di siti e pagine italiane in rete, ad esempio cercando su Google la locuzione "sito sottoposto a sequestro": studiando i risultati non è difficile individuare decine di spazi web non più accessibili. Va detto che molti di questi contenuti sono comunque reperibili in rete sotto varia forma: la stessa pagina di Crocenera, fa rilevare qualcuno, è per esempio disponibile su Web Archive:

http://web.archive.org/web//http://www.filiarmonici.org/crocenera.html*

Luca Fazzo, in un articolo su *Repubblica* del 17 novembre 2004, ci racconta come il Bel Paese sia spiato in continuazione e in modo abnorme, per non dire paranoico, dall'orecchio elettronico del grande fratello Stato:

> *Registrate le conversazioni di 400 mila italiani. E i magistrati chiedono notizie ai gestori telefonici su due milioni di persone*
>
> **Il Grande Orecchio ci ascolta, siamo noi i più spiati d'Europa**
>
> *E le procure fanno controlli per un utente su dieci*
>
> MILANO - La rivoluzione parte da Campobasso. Ed è un piccolo, divertente paradosso: perché Campobasso è – come raccontano ogni anno le statistiche sulla vivibilità delle città italiane – uno dei capoluoghi più pacifici del paese, con un tasso criminale appena sopra lo zero. Campobasso ha una procura con sei pubblici ministeri. Eppure è qui, in una piccola stanza di questa piccola procura, che oggi è in funzione l'Orecchio Elettronico più avanzato d'Italia (e d'Europa): un cervellone che in pochi metri quadrati di spazio spazza via mezzo secolo di storia delle intercettazioni. Il cervellone si chiama Enigma, lo ha prodotto Telecom vincendo la gara d'appalto indetta dalla procura. Manda in pensione gli operai che andavano a piazzare i "doppini" nelle centrali elettromeccaniche, libera gli sbirri che accucciati nel ventre dei furgoni ascoltavano da una radiolina il segnale rimbalzato da una microspia, spedisce in discarica i registratori a nastro su cui si accumulavano ore ed ore di chiacchiere da ascoltare e riascoltare fino allo stordimento.
>
> Tutto questo appartiene al passato. Enigma intercetta tutto, dalle voci alle telefonate agli sms agli mms alle mail ai siti Internet, tutto digitalizzato, tutto caricato su un disco fisso con copia di backup a tutela dalle manipolazioni, tutto immediatamente riversabile a

poliziotti e magistrati nei loro uffici a poche decine di metri o a centinaia di chilometri di distanza, flussi di dati criptati che viaggiano su linee dedicate con password d'accesso ai due lati. Tutto in grado di essere frugato con i motori di ricerca e messo in comune da un'inchiesta all'altra, scoprendo se il telefonino utilizzato da un sospettato di terrorismo islamico ricompare in una inchiesta per droga, riconoscendo un numero, un computer, una parola.

La rivoluzione di Campobasso è il punto più avanzato dell'onda che in tutte le procure d'Italia sta cambiando alla radice il modo in cui lo Stato italiano ascolta i suoi cittadini, in un'epoca in cui la tecnologia sposta su frontiere sempre più nuove la caccia tra guardie e ladri e la possibilità di intercettazioni sempre più sofisticate insegue la possibilità di comunicazioni sempre più sicure. Una partita in corso da sempre, ma che mai si è giocata su ritmi accelerati come in questi mesi.

A sostenere l'evoluzione c'è, su entrambi i fronti, un robusto movente economico. I cattivi devono difendere i loro affari, che – si tratti di importare un carico di cocaina o di rifilare alla Borsa un bond scoperto – sono affari da milioni di euro. Ma anche dall'altra parte, dalla parte dei buoni, c'è il business: perché quello delle intercettazioni in Italia è un mercato florido e che non conosce crisi, anzi si espande sempre di più. Il cliente è uno solo, lo Stato, l'unico che può (almeno ufficialmente) violare la riservatezza dei suoi abitanti.

E lo Stato esercita questo diritto con larghezza. I dati sono impressionanti. Per l'importo: ogni anno vengono spesi oltre 300 milioni di euro. E soprattutto per il numero di intercettazioni, che non è ufficialmente noto ma che si può desumere con buona approssimazione incrociando i bilanci dello Stato con quello degli operatori telefonici. Da questa analisi, si desume che la sola Telecom – che gestisce circa il 70 per cento dei telefoni fissi – intercetta ogni anno almeno centomila utenze: è come se una città di media grandezza venisse spiata per intero. Ancora più notevoli i dati sulle intercettazioni dei telefonini. La sola Tim (che controlla circa il 36 per cento della telefonia mobile) intercetta ogni anno almeno 140 mila linee, fornisce alla magistratura almeno 120 mila tabulati (cioè l'elenco completo delle chiamate fatte o ricevute da un telefonino) e addirittura due milioni di "anagrafici", cioè di certificati che rivelano a chi è intestata una data utenza. Tenendo presente che Tim ha circa 23 milioni di utenti, significa che quasi il 10 per cento dei suoi abbonati ha ricevuto le attenzioni della magistratura. A questi dati vanno aggiunte le percentuali (che si ritiene siano simili a quelle di Tim) da calcolare sui 21 milioni di utenti Vodafone, i 9 milioni di utenti Wind e i 3 milioni di utenti 3. Una stima intorno alle 400 mila utenze tenute sotto controllo ogni anno è dunque realistica. Sono numeri imponenti, che fanno dell'Italia il paese più intercettato d'Europa. E la tendenza è a crescere: nel nuovo tariffario preparato dal governo è previsto l'obbligo per i gestori telefonici di attrezzarsi per intercettare in contemporanea fino allo 0,1 per cento delle utenze, cioè 56 mila telefonini.

Complessivamente, il mercato delle intercettazioni telefoniche assorbe qualcosa meno di 150 milioni di euro. Il resto del budget del Grande Orecchio se ne va nell'altro grande capitolo di spesa: le intercettazioni ambientali. Anche qui l'unico cliente è lo Stato, attraverso la magistratura. Ma a spartirsi la torta non sono soltanto quattro operatori, come nei telefoni, bensì una quantità di agenzie private specializzate nel settore, che operano su appalto delle procure. Sono un centinaio di agenzie in tutta Italia, e forniscono ai pubblici ministeri il servizio completo: dal "chiavaro" che scassina la porta di un appartamento o di un'auto, al tecnico che piazza la "cimice", al noleggio della microspia, al registratore digitale che incide le conversazioni, al tecnico che le ascolta e le trascrive.

Le compagnie telefoniche sostengono che i veri affari si fanno in questo settore, e cercano in ogni modo di sbarcarvi. Anche perché ormai le frontiere tra intercettazioni telefoniche e ambientali sono saltate, oggi quasi tutte le microspie hanno incorporata una scheda sim collegata una linea telefonica. E tutta questa montagna di voci spiate su ordine dello Stato confluisce ormai negli stessi computer all'interno delle Procure, elaborata, digitalizzata, e convogliata nel gigantesco archivio informatico delle chiacchiere di una nazione.

Che si sia arrivati ad una situazione quantomeno preoccupante per la privacy e la comunicazione in Italia lo si desume dall'azione di denuncia della Tim, nel febbraio di quest'anno, della propria impossibilità a soddisfare le richieste avanzate dagli organi dello Stato. Ne dà notizia un articolo di *Punto Informatico* del 22 febbraio 2005:

Intercettazioni, gli operatori si scaldano

Dopo la diffusione delle notizie di TIM sul controllo dei cellulari l'associazione di settore preme sul Governo per una riunione immediata. Il denaro pubblico non copre gli oneri del monitoraggio.

Roma – C'è maretta tra operatori di telefonia mobile ed istituzioni, un clima difficile che si è reso palese nei giorni scorsi con le notizie diffuse da TIM e che ora si concretizza in una richiesta formale dell'associazione di settore ASSTEL di un incontro urgente con il Governo. In ballo non ci sono i diritti degli utenti, qui si parla di denaro pubblico.

Come noto, TIM ha dichiarato di poter rendere intercettabili per conto della magistratura non più di 5mila linee, un limite che è stato raggiunto perché sono aumentate esponenzialmente le richieste provenienti all'azienda dalle Procure italiane, dal ministero della Giustizia e dalla Direzione nazionale antimafia.

In un documento trasmesso alla magistratura dai responsabili della sicurezza di TIM, l'azienda tra le righe dimostra di soffrire l'attuale situazione, di certo onerosa per le proprie tasche, e spiega che "trattandosi di prestazioni obbligatorie, è stato avviato uno studio di fattibilità per la realizzazione di un ulteriore incremento di postazioni". Si tratta insomma di passare dal limite attuale delle 5mila linee a quota 7mila.

Allo stato comunque TIM è il primo operatore di telefonia mobile ad aver avvertito che finché non saranno disponibili le nuove infrastrutture "potrebbe essere ritardata l'esecuzione dei decreti di intercettazione, qualora, come prevedibile, il trend di incremento dovesse proseguire". Una questione delicatissima, evidentemente, sulla quale prossimamente Punto Informatico cercherà di far chiarezza. Anche perché TIM ha spiegato che nuove linee intercettabili potranno essere disponibili soltanto quando cesseranno quelle già "attive". Sono dichiarazioni forti in merito ad una questione che appartiene a quella schiera di faccende che difficilmente arrivano sui media e, coperte da un alto tasso di riservatezza, vengono tradizionalmente risolte senza troppo clamore.

ASSTEL per bocca del suo presidente Pietro Guindani ha ricordato che “le prestazioni richieste agli operatori di telecomunicazioni sono definite dalla legge come obbligatorie, ma ad esse deve far riscontro un corrispettivo, costituito dal ristoro di tutti i costi sostenuti”. Come a dire che sì, le intercettazioni si fanno come prescritto dalla legge ma il pagamento dei corrispettivi da parte dello Stato si fa attendere. E questo, evidentemente, contribuisce non poco all'“emergenza”, se così la si può definire, annunciata da TIM.

Per rafforzare il concetto, ASSTEL ha inviato una lettera al ministero della Giustizia, e per conoscenza a quello delle Comunicazioni e dell'Economia, in cui richiede un incontro tra le parti per definire due punti ritenuti essenziali:

1. modalità di erogazione delle prestazioni, attraverso la stesura di un “repertorio”;

2. contestuale determinazione di tutti i costi relativi alle prestazioni obbligatorie richieste, comprensivi degli investimenti necessari per la fornitura dei servizi.

“Tale riunione – afferma Guindani – è indispensabile per non compromettere la gestione delle richieste provenienti dalle singole Procure, nonché la programmazione degli investimenti economici necessari per effettuare i servizi richiesti”.

Il collettivo di *Autistici/Inventati* aveva avuto un primo sentore, che il proprio server fosse un "target" d'un certo interesse, lo aveva avuto già nel novembre del 2002, quando una quarantina di no-global erano stati oggetto di un procedimento giudiziario da parte della Procura di Cosenza per associazione sovversiva e cospirazione mediante associazione. In buona sostanza, nell'ordinanza di custodia cautelare veniva fatto esplicito riferimento ai dati di registrazione del dominio, in quanto ospitante il sito SudRibelle, da tempo inattivo. Quanto segue è il comunicato in proposito di *Autistici/Inventati* del 19 novembre 2002:

> **Offerta speciale dalla procura di Cosenza: come premio per le lotte sostenute in regalo un pratico 270 adatto in tutte le stagioni.**
>
> All'alba del 15/11/2002 42 persone sono state raggiunte da procedimento giudiziario aperto dalla procura di Cosenza per 270, associazione sovversiva e cospirazione mediante associazione. Tra questi, 11 uomini sono stati trasferiti al Carcere Speciale di Trani e 2 donne al carcere di Latina, mentre per altre 6 sono scattati gli arresti domiciliari. I capi di imputazione che hanno mosso il Gip sono di cospirazione politica mediante associazione al fine di turbare l'esercizio di governo, propaganda sovversiva tesa a sovvertire violentemente l'ordine economico. Contestati anche reati di danneggiamento. Napoli, Cosenza, Taranto, Reggio Calabria, Vibo Valentia, queste le città dove è stato eseguito il provvedimento. Il trasporto al SuperCarcere di Trani non ha permesso ai fermati nemmeno un contatto con il proprio avvocato.
>
> Abbiamo letto con attenzione le prime parti dell'ordinanza di

custodia cautelare per i 20 arrestati disponibile sul sito di rainews: *http://www.rainews24.it/ran24/speciali/arresti_noglobal/default.htm*

Veniamo citati in più punti, in particolare un paio di pagine sono dedicate ai dati di registrazione del nostro dominio, informazioni semplici da reperire e pubbliche. Si possono visualizzare con un browser all'url

http://www.directnic.com/whois/index.php?query=www.in-ventati.org

Veniamo citati in quanto hosting del sito *sudribelle*, da qualche mese inattivo come viene segnalato anche nell'ordinanza. Questa vicenda ci appare una tragica farsa. Colpevole però di aver trascinato in carcere 20 persone, più altrettante iscritte nel registro degli indagati. Facciamo nostre per questo le critiche che da molte parti sono piovute sulla magistratura cosentina e ci uniamo alle voci di coloro che chiedono la scarcerazione immediata degli arrestati.

Siamo rimasti colpiti dalle valutazioni effettuate dalla magistratura circa le discussioni tra alcuni degli indagati sulla possibilità di cifrare le proprie missive. Il solo fatto di tentare di tutelare la propria privacy viene letto come volontà di dare vita ad una struttura tesa a compiere atti illegali. La nostra Associazione diffonde dalla sua nascita la cultura degli strumenti crittografici come mezzo di tutela della privacy. Il nostro server offre gratuitamente diversi servizi tesi alla tutela della riservatezza delle comunicazioni e dei suoi contenuti.

Non accettiamo affatto che queste pratiche vengano criminalizzate, con la falsa giustificazione della tutela della sicurezza del cittadino da spettri quali terrorismo, criminalità informatica ed, in questo caso, un'associazione sovversiva.

Le valutazioni circa l'utilizzo della rete come luogo privilegiato di coordinamento per attività eversive di ogni genere ci appaiono ridicole, e non di meno sono sempre più frequenti. Dovrebbe essere qualcosa di più simile alla Banda Bassotti, che ad un'associazione sovversiva, il gruppo che scelga di sovvertire violentemente l'ordine economico dello stato coordinandosi per telefono e su liste di discussione pubbliche, su siti pubblici in hosting su server che non hanno mai nascosto la propria esistenza. Probabilmente presto leggeremo sui giornali che tra il materiale sequestrato agli indagati vi sono anche intere collezioni di Topolino dai quali traevano spunto per l'organizzazione della guerriglia, per fortuna che il commissario Basettoni con l'aiuto dei R.O.S. ha messo fine alle loro losche attività: il deposito dello zio Paperone è salvo anche questa volta.

Se questo fosse un fumetto, probabilmente avremmo voglia di ridere, ma dato che questa è la vita vera e la gente finisce in carcere per davvero, il riso ci esce con l'amaro in bocca ed il volto cupo.

Per maggiori info e notizie sulle iniziative di protesta:

http://www.noglobal.org/

http://italy.indymedia.org/

http://www.sherwood.it/

http://www.peacelink.it/

Per la libertà di dissenso e di espressione

Autistici.org/Inventati.org

Ma, sul fronte delle intercettazioni, la maggiore sorpresa doveva ancora avvenire. Il 21 giugno, il collettivo pubblica il seguente comunicato:

ARUBA-POSTALE 1 / PRIVACY 0

Comunicazione urgente Autistici/Inventati

Quando siamo partiti con il progetto autistici, nel nostro pessimismo cosmico pensavamo che il peggio che potesse accadere è che portassero via la macchina, intercettassero il traffico in maniera pedestre e che la crittografia bastasse a rendere relativamente al sicuro le comunicazioni dei nostri utenti. Abbiamo sbagliato. In Italia non esistono le condizioni per poter parlare di tutela della privacy a nessun livello.

Il 15 giugno 2004 agenti della postale su ordine della Procura di Bologna si sono presentati presso il provider Aruba, dove è ospitato uno dei server della nostra associazione. Senza avvisarci Aruba ha spento la macchina e ha consentito agli agenti di copiare quello che volevano. Il provider, alle nostre telefonate per domandare il motivo del down, ha risposto parlando di un guasto tecnico alla presa elettrica dell'armadio.

Da quel momento, come si evince dagli atti, da pochi giorni a nostra disposizione, hanno proceduto alle intercettazioni sistematiche della webmail della casella *croceneraanarchica@inventati.org*

Potenzialmente però hanno potuto intercettare e riportare in chiaro tutte le altre comunicazioni che transitano dalla macchina e realisticamente è quello che stanno ancora facendo.

Per questo al più presto spegneremo questa macchina, la ritireremo dal provider e valuteremo i prossimi passaggi. Già da ora invitiamo tutti coloro che mantengono una macchina o un sito in quella web farm e hanno a cuore la propria privacy a cercare un altro luogo e lasciare Aruba a marcire nella loro meschinità.

Le condizioni della privacy in Italia erano di per sé drammatiche: ora abbiamo testato sulla nostra pelle che possiamo staccare la spina e dichiarare la morte clinica del paziente.

Non possiamo sapere quanti altri provider commerciali forniscano ausilio alle forze dell'ordine senza notificarlo ai propri clienti; non possiamo sapere quali e quante informazioni le forze dell'ordine possano prelevare dai nostri e dai vostri siti o server; non sappiamo che uso ne faranno e per quanto tempo; non possiamo sapere se il provider riserva questo stesso trattamento di favore a richieste commerciali ben pagate di concorrenti o agenzie di mercato per dati personali.

Lo scenario che si disegna è degno delle migliori utopie negative: organizzare una potenziale intercettazione di massa di circa 6000 utenti e 500 liste di discussione, con la scusa di leggere il contenuto di una sola casella mail è di per sé quanto di più lontano si possa immaginare dal concetto di libertà di espressione.

QUESTA NON È UNA QUESTIONE PRIVATA, non è qualcosa che interesserà soltanto noi, che evidentemente rappresentiamo una comoda cavia sulla quale sperimentare nuove forme di controllo e di intercettazione, un po' come tutte le persone coinvolte nelle indagini sul file sharing o in altri fatti di repressione in rete.

QUESTA NON È UNA QUESTIONE CHE RIGUARDA SOLO UNA ASSOCIAZIONE O UN SERVER INDIPENDENTE.

Si tratta della stessa indagine che con la scusa dell'acquisizione di un log ha consentito all'FBI di abusare di un mandato federale e di sequestrare l'intero server dove era ospitato *Indymedia Italia* il 7 ottobre 2004.

In successivi comunicati più tecnici cercheremo di illustrare meglio la tipologia dell'attacco e le nostre contromisure, nonché le iniziative politiche che intendiamo sviluppare, sperando di non essere da soli in questa battaglia. Per ora non potendovi garantire più un servizio affidabile ritireremo la macchina per qualche giorno, la bonificheremo e la rimetteremo on line.

Non è nei nostri piani dare a forze dell'ordine e provider servili la soddisfazione di vederci desistere: il down sarà il più breve possibile, qualche giorno non di più, e sfrutteremo questa brutta vicenda per risorgere come una fenice ferita.

QUESTA NON È UNA QUESTIONE PRIVATA, ANCHE SE È UNA QUESTIONE DI PRIVACY.

LEGGI e DIFFONDI questa MAIL. AGISCI e ORGANIZZATI

autistici.org / inventati.org

Il comunicato evidenzia un'azione particolarmente grave verso l'associazione. Il server di *Autistici/Inventati* non è un server qualunque. Già l'associazione stessa nasce dall'unione di progetti diversi sparsi un po' su tutto il territorio nazionale, ma il fatto stesso di perseguire sin dal marzo del 2001 l'obiettivo di mettere a disposizione di chiunque, fatte salve le eccezioni espresse nel manifesto associativo, servizi di comunicazione elettronica non commerciali, attraverso i quali la riservatezza e la libertà di espressione fossero maggiormente garantiti che non attraverso l'uso di servizi analoghi di natura commerciale, ha fatto sì che quel server fornisca un servizio e-mail a 4700 persone, nonché 600 mailing list per un totale dichiarato di oltre 30.000 utenti, ed ospiti oltre 500 siti Web, servizi di chat e di altra natura. Un ruolo di servizio che si è da sempre accompagnato con l'obiettivo dell'associazione di sviluppare campagne sulla privacy, l'anonimato, l'utilizzo critico e consapevole degli strumenti informatici, sull'accesso ai saperi, sulla critica al controllo. La natura riservata e affidabile dei servizi offerti ha incentivato molte persone a chiedere ospitalità sul server per i propri siti e le proprie caselle di posta elettronica: collettivi politici, attivisti vari, associazioni, avvocati, uffici legali, sindacalisti di base, gruppi e collettivi studenteschi, network internazionali. La gestione di tutto questo è sempre avvenuta su base volontaria senza che nessuno dei gestori ricavasse mai un soldo dal proprio impegno. Il server trovava collocazione fisica presso il provider commerciale Aruba.

Il fatto denunciato dall'associazione risale ad un anno fa. In una pagina del sito ci viene spiegato che cosa sia in pratica avvenuto:

Cosa è successo

in teoria:

Sono stati intercettati, mediante copia, tutte le comunicazioni avvenute attraverso la casella e-mail *croceneraanarchica-at-inventati.org*, a partire dal 15/06/2004.

in pratica:

Il metodo utilizzato per procedere all'intercettazione è passato per una violazione dei diritti civili di tutti gli altri utenti del server, nonché dei suoi amministratori. Dalla data dell'intervento infatti, tutte le comunicazioni (e-mail e non solo) in transito da e per il nostro server, la cui riservatezza è normalmente garantita da un sistema di crittografia (SSL), sono da considerarsi intercettate da parte di personale non autorizzato della Polizia Postale.

Come è successo

L'accesso ai dati sensibili dei nostri utenti è riservato esclusivamente agli amministratori dell'associazione investici, né i tecnici di Aruba né tanto meno terzi non identificati avrebbero la possibilità, senza ricorrere a violazioni illegali, di accedere ai dati rispettosamente conservati sui nostri computer.

La polizia Postale, coadiuvata dallo Staff di Aruba, ha scelto la via più semplice e meno rispettosa, lo spegnimento fisico del sistema, con interruzione duratura del servizio per oltre 30.000 persone, provvedendo successivamente alla copia coatta dei dati a loro ritenuti necessari, senza che fosse possibile per i nostri tecnici di verificare la correttezza dell'operazione.

Da quel momento è stato possibile, mediante l'uso di tecnologie abbastanza diffuse, intercettare tutte le comunicazioni successivamente avvenute, di tutti i nostri utenti.

Ma gli altri come fanno

Nonostante sia evidente la gravità del problema, ci teniamo a ricordare che le comunicazioni che avvengono normalmente, utilizzando servizi commerciali, non tengono nemmeno in considerazione questo problema; sono pochi i casi in cui sono disponibili protocolli di crittazione e nessuno, a memoria di Google, ha mai avvertito i propri utenti di quello che per noi è un problema: la compromissione della sicurezza dei dati personali dei propri utenti.

Ricordiamo che per tutti i provider di servizi commerciali, i dati sensibili degli utenti sono sistematicamente disponibili a terzi non meglio identificati, senza che questo sia considerato un problema.

In un comunicato del 22 giugno 2004, il collettivo ripercorre i fatti relativi alla violazione e dà un primo commento a tutta quanta la vicenda:

Ripercorriamo i fatti

I servizi di crittografia offerti dal server di *Autistici/Inventati*, collocato presso la webfarm di Aruba, sono stati compromessi in data 15.06.04. Ne veniamo a conoscenza il giorno 21.06.05. Un anno dopo.

Quel giorno di un anno fa, gli inquirenti, alias Polizia Postale, nell'ambito dell'inchiesta che ha portato alla sospensione di una casella e-mail (*croceneraanarchica-at-inventati.org*), in collaborazione con lo staff di Aruba, hanno spento il nostro server, senza nessuna comunicazione, e si sono copiati le chiavi necessarie a rendere possibile la decrittazione della WebMail; da allora hanno avuto, potenzialmente, accesso a tutto il contenuto del disco, compresi i dati sensibili di tutti gli utenti.

Quando ci accorgemmo che il server non era raggiungibile, chiamammo ripetutamente e più volte la webfarm di Aruba, chiedendo spiegazioni sul down. Si inventarono dei finti problemi tecnici, decidendo senza troppo soffrirne, che i loro clienti, le loro clausole contrattuali, i diritti degli utenti di un provider non valgono nemmeno una telefonata per avvertire i proprietari del server; un posto dove conta di più la menzogna e l'assenza di rispetto dei più basilari diritti civili.

La nostra presenza, e quella dei nostri legali durante l'intervento avrebbe permesso di procedere senza dover violare la privacy di tutti gli utenti che utilizzano i nostri servizi di crittazione. Avremmo potuto, e dovuto, avvertire per tempo.

Abbiamo sempre sospettato che un'azienda con un nome auto esplicativo, con la webfarm in Via Sergio Ramelli, non fosse degna di fiducia, tanto da un punto di vista personale quanto da un punto di vista tecnico.

Il pessimo servizio offerto ci aveva abituato, tristemente, a sentir scuse difficilmente credibili, riguardo ai numerosi problemi tecnici avuti con il servizio.

Purtroppo, nel giugno del 2004, non avevamo alternative. Il server doveva trovare una collocazione e nessuno dei posti che avevamo trovato dava maggiori garanzie da un punto di vista di garanzia di rispetto della privacy dei propri clienti, né tanto meno nel semplice rispetto degli obblighi contrattuali. Ci siamo affidati ad Aruba, ed abbiamo sbagliato.

Quello che è successo è per noi molto grave, e non vogliamo nasconderci dietro difficili prospettive di revanche. Sarà una battaglia dura, che combatteremo su tutti i fronti possibili, non ultimo quello legale.

La nostra quotidiana paranoia nella gestione dei dati personali, tesa e difendere i dati di tutti i nostri utenti, non è stata sufficiente, per mancanza di risorse e forse anche per il senso di inconscia ed ingiustificata fiducia nei confronti della legislazione che regola il diritto alla privacy.

Abbiamo interrotto i servizi di crittografia, in quanto al momento non più sicuri, a breve interromperemo anche il servizio di posta. Riattiveremo, in tempo breve, presso un diverso provider, un secondo server, bonificato.

Ma questo non sarà sufficiente. È evidente che di fronte ad un investimento sempre maggiore di uomini e mezzi dedicati alla violazione sistematica della privacy di utenti, quali essi siano, è necessario ripensare il senso e la strategia di un progetto come il nostro.

Consci della situazione di debolezza in cui ci trovavamo (tristemente confermata dal peggior scenario teorico possibile) stiamo lavorando da ormai un anno ad una ricostruzione di tutta la nostra infrastruttura; adeguando per quanto possibile il livello di attenzione necessaria ad una difesa minima della privacy degli utenti. Presto, speriamo entro la fine dell'estate, entreremo nei dettagli tecnici che speriamo servano per dare la dimensione dello sforzo necessario alla costruzione di infrastrutture minime necessari a garantire delle cose che, in teoria, dovrebbero essere diritti civili. Per quello che possono valere queste espressioni.

Una cosa però è necessario che venga profondamente compresa da tutti; non è possibile delegare la gestione della privacy, a nessuno. Non esiste struttura politica o strumento tecnologico in grado di garantire con certezza la tua privacy.

Invitiamo quindi tutti, ancora una volta, ad utilizzare in prima persona, senza affidarsi ciecamente ad altri, strumenti di crittografia forte (GPG per esempio) tanto per la posta quanto per la salvaguardia dei dati sui propri dischi. Il buon senso farà il resto.

Da parte nostra, potremo solo garantirvi che continueremo a fare il possibile per proteggere la riservatezza delle vostre e nostre comunicazioni, e quindi, semplicemente, la libertà di tutti di esprimersi e di comunicare.

22 giugno 2005. Il collettivo *Autistici/Inventati*

Di seguito sono riportate, direttamente o attraverso lanci di agenzia, alcune delle reazioni alla vicenda denunciata dal collettivo.

FreakNet MediaLab - Comunicato stampa

22/6/2005

riferimenti:

http://italy.indymedia.org/splashai.html

http://www.freaknet.org/news/print.php?art=news/20050622-094018-Comunicati.xml

http://www.autistici.org/ai/crackdown/

Stamattina ci sembra di aver fatto un salto indietro nel tempo; ci torna in mente il Cile del generale di Pinochet, il controllo politico della STASI nella Germania dell'Est; increduli ci guardiamo attorno, come risvegliati da un brutto sogno.

Eppure dovevamo temere; la "scusa" dell'11 Settembre è stata il velo di zucchero che ha addolcito l'amara pillola del controllo politico e della repressione del nuovo ordine mondiale, in Italia come da altre parti; pillola che gli italiani hanno ingoiato, convinti della necessità di gesti "estremi" per combattere il "terrore".

Con questa scusa, ora, tutto è lecito; così se da una parte il popolo viene tranquillizzato da un bonario Rodotà ministro della "privacy" che si allarma per la pubblicità indesiderata nelle nostre caselle di posta, dall'altra le "forze dell'ordine" si permettono, violando i più elementari diritti umani, di intercettare, sequestrare, manipolare e controllare i computer attraverso cui scorrono i dati, le lettere, i files, i sentimenti e le parole di centinaia e migliaia di persone, ignare che qualcuno al posto loro sta leggendo la propria posta PRIVATA.

Così, ora, la "pillola" addolcita del controllo totale sta aprendo un'enorme ulcera gastrica, massacrando quello che forse è il più intoccabile tra i diritti umani. Oggi in Italia hanno sputato sul concetto di privacy.

Tutto è stato fatto senza un mandato, senza una comunicazione ai soggetti interessati dalle "indagini"; senza uno straccio di documentazione che possa in qualche modo tutelare i soggetti interessati alle indagini. Così ora non è possibile sapere chi ha toccato cosa, cosa è stato cambiato o modificato all'interno del server, e per quanto tempo questo stato di cose è andato avanti; e questo, sappiatelo, può essere stato fatto anche su altri server, da altri provider.

E tutto questo è successo ben un anno fa: per un intero

anno, le "VOSTRE" comunicazioni sono state monitorate e schedate.

Non ci sono parole per definire quanto è successo. Siamo disgustati, amareggiati, e seriamente preoccupati per la deriva che sta prendendo il nostro paese.

Da parte nostra possiamo solo continuare a fare la nostra parte, incoraggiando i fratelli di *Autistici/Inventati*, offrendo loro il nostro sostegno ed il nostro aiuto, sperando di non dover un giorno sparire dalla circolazione senza lasciare traccia di noi, sequestrati da chissà quale organizzazione in nome di non si sa quale "lotta al terrorismo", fucilati dentro uno stadio, o "scomparsi", lanciati da un aereo sul mediterraneo.

Possiamo inoltre consigliare vivamente a chiunque di cominciare ad utilizzare strumenti di crittografia PESANTE per proteggere qualsiasi comunicazione, dalla lista della spesa alle lettere d'amore, e di crittografare pesantemente anche i propri dati, dai backup su cdrom/dvd, ai propri hard disk, al file system delle proprie chiavette USB; ed evitate, se possibile, di tenere le chiavi di autenticazione, di qualsiasi tipo esse siano, sullo stesso computer che usate, ma portatele sempre con voi e distruggetele al primo sospetto. Non dimenticate inoltre di generare e stampare su carta (e conservare al sicuro) un certificato di REVOCA della chiave GPG, che potrebbe rivelarsi utile in caso di compromissione delle suddette chiavi.

In quanto al provider Aruba, che ospitava il server, e che non ha avvertito i propri clienti di quanto stava accadendo, ognuno tragga le proprie conclusioni; a noi rimane una grande tristezza ed un senso di disgusto, sommato all'amarezza della pillola di cui sopra; sicuramente chi ha un minimo di buon senso trarrà da questa storia una lezione e saprà cosa deve fare in proposito.

"Quando governano i malvagi, i delitti abbondano, ma i giusti ne vedranno la rovina." Proverbi, 29:16

22 Giugno 2005, ore 9:12am

Il FreakNet MediaLab

Deiana e De Dimone (PRC): Privacy, contro *Autistici.org* un anno scandaloso di violazione del diritto

Da un anno, come si evince dagli atti della Procura di Bologna oggi a disposizione, gli agenti della postale hanno proceduto alle intercettazioni sistematiche della webmail delle caselle di *Autistici/Inventati.*

Se così stanno le cose, abbiamo alle spalle un anno scandaloso contro il diritto alla privacy e contro l'indipendenza politica dei movimenti.

Lo dichiarano Elettra Deiana e Titti De Simone, deputate di Rifondazione Comunista, in merito a quanto accaduto il 15 giugno 2004, giorno in cui gli agenti della polizia postale su ordine della Procura di Bologna si sono presentati presso il provider Aruba, dove è ospitato uno dei server dell'associazione *Autistici* e, senza alcun avviso agli interessati, Aruba ha spento la macchina ed ha consentito agli agenti di copiare ciò che volevano, giustificando il down con la scusa di un guasto tecnico.

È un ennesimo, gravissimo episodio – sottolineano le parlamentari – che conferma quanto nel nostro Paese non esistano le condizioni per poter parlare seriamente di una adeguata tutela della privacy. Particolarmente grave, inoltre, il carattere di accanimento politico che questo episodio manifesta contro una voce indipendente e scomoda della società civile e dei movimenti.

Chiediamo fermamente – concludono Deiana e De Simone – che il Ministro degli Interni e le istituzioni preposte agiscano con determinazione per la piena tutela del diritto alla privacy.

Privacy: Bulgarelli (verdi), Gravissima violazione dati utenti su *autistici.org*.

Roma, 22/06/2005 - I deputati dei verdi Mauro Bulgarelli e Paolo Cento hanno presentato un'interrogazione parlamentare al ministro delle comunicazioni in merito alla denuncia dell'associazione Investici, titolare dei domini *autistici.org* e *inventati.org*, secondo la quale la polizia postale avrebbe avuto accesso con la collaborazione del provider Aruba, ai dati sensibili e alle comunicazioni di migliaia di utenti presenti sui loro server. Questa vicenda è veramente inquietante spiega Bulgarelli – e se quanto denunciato dai titolari di *Autistici/Inventati* fosse confermato si configurerebbe una gravissima violazione della privacy. Particolarmente grave è il fatto che il provider Aruba, presso il quale sono ospitati i server di *Autistici*, abbia permesso alla polizia postale, nell'ambito di un'inchiesta su un singolo utente, l'accesso a tutto il contenuto del disco, compresi i dati sensibili e le comunicazioni di tutti gli utenti, circa 5000 quelli con una mailbox e oltre 30.000 quelli nelle 500 liste di discussione, senza informare della cosa i responsabili del sito. Nell'interrogazione conclude il parlamentare dei verdi – chiediamo un'accurata indagine volta ad appurare se Aruba S.p.a. abbia la prassi di dare libero accesso ai dati degli utenti, in palese violazione della normativa vigente sulla privacy e della libertà d'espressione.

Comunicato di SupportoLegale

Il server di *autistici.org/inventati.org* è un server indipendente gestito da una Associazione senza fini di lucro, che dà spazio a siti e e-mail di avvocati, giornalisti, politici, attivisti, associazioni umanitarie, uffici legali, sindacalisti, gruppi universitari, network internazionali e molto molto altro. Il server era ed è ospitato presso il provider commerciale Aruba. Era il 15 giugno 2004. *Autistici/Inventati* aveva qualche problema – posta, chat e mailing list bloccate – ma una telefonata a uno dei provider dell'Associazione sembra chiarire presto la situazione: "un guasto tecnico alla prese dell'armadio elettrico", risponde, prontamente, *Aruba.it*. Mentendo.

In quello stesso momento, agenti della postale – su richiesta della procura di Bologna – avevano chiesto e ottenuto da *Aruba.it* l'accesso al server ospitato presso la loro sede. Senza aver notificato alcunché, *Aruba.it* ha permesso agli agenti di copiare qualsiasi informazione compresi dati e i certificati che garantiscono le connessioni crittate, e organizzare, di fatto, la messa sotto controllo delle comunicazioni di più di 6.000 utenti e 500 mailing list. Da quel momento hanno proceduto alle intercettazioni sistematiche della webmail della casella *croceneraanarchica@inventati.org*.

Potenzialmente, però, hanno potuto intercettare e riportare in chiaro tutte le altre comunicazioni che transitano dalla macchina – e, realisticamente, è quello che stanno ancora facendo.

Ad *Autistici/Inventati*, però, nulla di tutto questo viene notificato – anzi, vengono accampate scuse che la dicono lunga sullo stato della tutela della privacy in questo paese. Si tratta, nella fattispecie, della stessa indagine che con la scusa dell'acquisizione di un log ha consentito all'FBI di abusare di un mandato federale e di sequestrare l'intero server dove era ospitato *Indymedia Italia* il 7 ottobre 2004. Questa non è una questione privata, né qualcosa che riguardi unicamente un'associazione o un server indipendente. Si tratta, ancora una volta, della nostra e della vostra libertà d'espressione. La stessa libertà di espressione che atti come la richiesta di sequestro del sito di *Indymedia Italia*, avanzata a maggio dal PM Vitiello per "vilipendio della religione cattolica e della figura del Papa", mettono pesantemente in discussione.

Questo atto gravissimo tocca direttamente gli strumenti di cui si avvale il Genova Legal Forum per il proprio lavoro: le caselle di posta elettronica degli avvocati e dei consulenti tecnici, e la stessa mailing list di coordinamento tra avvocati e consulenti, risultano infatti coinvolte in questa operazione di schedatura di massa.

Per la seconda volta, dopo il sequestro dei computer portatili di due consulenti tecnici avvenuto a marzo, tutta la strategia difensiva del Genova Legal Forum è a disposizione delle procure: documenti, analisi, atti e reperti non ancora presentati in tribunale.

Con buona pace del segreto istruttorio e del rispetto dei diritti della difesa.

supportolegale.org comunicazione at supportolegale.org

Indice

www.ingramcontent.com/pod-product-compliance
Ingram Content Group UK Ltd.
Pitfield, Milton Keynes, MK11 3LW, UK
UKHW020230250726
13967UKWH00001B/291